LE BONHEUR
DANS LE TRAVAIL

DISCOURS

PRONONCÉ

A LA DISTRIBUTION DES PRIX DE L'INSTITUTION HANLEY

A

CHOISY-LE-ROY (Seine)

LR 9 AOUT 1874

PAR

M. PAUL CARLE

PROFESSEUR

1876

LE BONHEUR DANS LE TRAVAIL

LE BONHEUR
DANS LE TRAVAIL

DISCOURS

PRONONCÉ

A LA DISTRIBUTION DES PRIX DE L'INSTITUTION HANLEY

A

CHOISY-LE-ROY (Seine)

LE 9 AOUT 1874

PAR

M. PAUL CARLE

PROFESSEUR

1876

LE BONHEUR
DANS LE TRAVAIL

————··✠··————

Labor et amor.

Mesdames, Messieurs,

Les fêtes consacrées à la jeunesse ont ceci de remarquable qu'elles ne sont point seulement le fêtes de la jeunesse. Elles ont pour nous tous, depuis ceux qui déjà descendent le second versant de la vie jusqu'à ceux qui essayent leurs premiers pas, un attrait et un charme ineffables, auxquels nous chercherions en vain à nous soustraire.

C'est qu'en effet, Messieurs, ces enfants se rattachent à nous par mille liens, qui font que leurs souffrances sont nos souffrances, mais qu'aussi leurs joies sont nos joies, que leurs espérances et leurs illusions mêmes redeviennent nos espérances et, pour un instant, nos illusions. Aussi je ne saurais guère m'étonner de votre empressement à vous réunir ici : parents et amis, vous vous êtes tous donné rendez-vous à cette fête, que je puis appeler en vérité une fête de famille, pour applaudir ensemble aux premiers efforts de ces enfants qui vous sont si chers, pour lesquels vous vous dévouez tout entiers, n'espérant d'autre récompense et d'autre consolation de vos peines et de vos tourments d'aujourd'hui que la récompense et la consolation qu'ils vous apporteront un jour par leurs succès dans la carrière. C'est pour vous une première satisfaction, dont vous auriez bien mauvaise grâce à vous défendre, que de voir sur ces bancs tous ces visages épanouis, tous ces fronts que n'assombrissent point encore les soucis de l'existence, et je m'estime heureux, Messieurs, de pouvoir en ce moment vous féliciter de votre bonheur.

Mais il se dégage une autre idée de cet empressement que je remarque ici avec une sorte de fierté, et je vous demande la permission de vous la signaler en passant.

Messieurs, depuis quelques années surtout, après les effrayants malheurs d'une année terrible, on a compris qu'il fallait combattre, par des remèdes énergiques et profondément efficaces, le mal qui nous rongeait et que des esprits, plus chagrins peut-être qu'éclairés, appelaient déjà le mal de la décadence. Il semblait qu'à cette heure d'effusions patriotiques, d'espérances invincibles et d'admirable volonté, alors que la France n'était plus qu'un noble et glorieux blessé, nous eussions un moment oublié tout ce qui nous divisait pour ne songer qu'à nous relever. Tous, nous étions d'accord pour reconnaitre qu'il fallait répandre à profusion l'Instruction et aussi l'Education, sans laquelle l'Instruction, la plus brillante et la plus éclairée même, ne saurait être qu'une déception. Ces idées-là, Messieurs, ont germé ; elles ont pénétré partout, en haut comme en bas de la société. Quelles que fussent nos croyances, nos affinités et nos espérances, elles ont subsisté et ont grandi de jour en jour, comme ces graines salutaires tombées dans une terre merveilleusement préparée, qui germent et grandissent jusqu'à devenir ces arbres majestueux de nos forêts. Messieurs, c'est parce qu'ils sont profondément convaincus de la nécessité de l'Instruction que beaucoup d'entre vous se trouvent ici. Vous avez compris que les efforts faits par ceux qui combattent en l'honneur de cette grande cause doivent être encouragés ; vous avez compris qu'il s'agissait de la Patrie. Permettez-moi, quoique indigne, de vous en exprimer toute ma gratitude, à vous, hommes de tout âge et de toute condition, qui êtes venus, au milieu de nous, témoigner de votre sympathie pour tout ce qui touche aux intérêts de la jeunesse. Oui, Messieurs, je vous remercie; je vous remercie, en notre nom à tous, au nom du Directeur de cette maison, dont je n'ai malheureusement pas le droit de faire ici l'éloge, ce dont d'ailleurs je me consolerai peut-être en songeant qu'à cet égard je n'ai rien à vous apprendre : vous avez, en effet, depuis longtemps, apprécié son absolu dévouement, son tact exquis, sa bienveillance sans limites. Il me sera cependant bien permis de dire, avec une entière indépendance du reste, combien, pour ma part, je me sens honoré que les circonstances et les hasards de la vie m'aient amené à devenir son modeste collaborateur.

MES AMIS,

Vous allez partir en vacances, rentrer dans vos familles, près de vos mères, près de vos sœurs, et cette pensée suffit à illuminer vos physionomies. Depuis quelques jours déjà, quelques semaines peut-être, vous comptez fiévreusement les heures qui vous séparent du moment béni où les portes de la pension se refermeront derrière vous; vous effacez chaque matin, avec une religieuse sollicitude, les journées qui s'écoulent, sur le traditionnel calendrier que nous avons connu avant vous, et que vos enfants plus tard connaîtront, comme nos pères eux-mêmes l'ont connu. Il y a dans cette

impatience, dans cette fièvre de votre âge
quelque chose tout à la fois de charmant et de
dangereux. Ce qu'il y a de charmant, ce sont les
tressaillements de votre cœur à la pensée de la
joie que vous allez éprouver en vous plongeant
tout entiers dans cette atmosphère de la famille,
toute imprégnée d'affections vives et de bontés
maternelles ; nous applaudissons les premiers
à ces frémissements de votre nature aimante.
Mais, ce qui est dangereux, et je vous le dis,
soyez-en sûrs, sans morgue ni pédantisme au-
cun, c'est l'habitude que vous pouvez prendre,
au contact fréquent de semblables idées, de
penser que les vacances ne sont aussi désira-
bles que parce qu'elles seront pour vous une
occasion de briser avec votre vie régulière et
occupée pendant dix mois de l'année. Pour
l'enfant, se reposer c'est ne rien faire ; aussi
arrive-t-il parfois que les vacances qui ne de-
vraient être qu'une occasion de repos devien-
nent, hélas ! une occasion de paresse.

Oh ! la paresse, mes amis ! Défiez-vous toujours de cette chose-là ! C'est un vice terrible,
capital : l'oisiveté est si affreuse qu'on a pu
dire d'elle qu'elle est la mère de tous les vices.
Ne croyez pas que ce soit là une formule ba-
nale, insignifiante et sans valeur. C'est malheureusement une amère et douloureuse vérité
qu'il nous est donné de vérifier chaque jour.

Ce que la paresse a fait de grands coupables est incalculable, mes enfants ; rappelez-vous-le, je vous en conjure, pour ne jamais y succomber.

Le Travail, au contraire, est la vertu par excellence ; on l'a en si haute estime que des philosophes, des saints ont dit qu'il était la plus pure et la plus belle de toutes les prières. C'est la qualité maîtresse de l'homme, sans laquelle rien n'est possible, mais avec laquelle il est permis de tout espérer.

Je ne voudrais point, mes amis, vous montrer, comme un philosophe pourrait le faire, que le travail est une nécessité, une obligation de notre nature, le plus impérieux de nos devoirs. Cela vous effrayerait peut-être, et ne tarderait guère à rembrunir tous vos visages que j'aime mieux voir souriants. Cependant regardez un moment avec moi tout autour de vous. Voyez la Nature : examinez avec recueillement cette merveilleuse constance de la matière, qui, soumise aux lois éternelles qui la dirigent, travaille sans se lasser pour charmer nos sens ou satisfaire tous nos besoins. Voyez cette étonnante succession des saisons qui disparaissent sans relâche pour reparaître et disparaître encore, afin de permettre à la terre ce continuel enfantement des plantes qui nous vêtissent ou des fruits qui nous nourrissent.

Agenouillez-vous près de cette fourmilière où vont et viennent ces industrieuses et microscopiques ouvrières dont l'instinct, sinon l'intelligence, nous surprend et nous ravit. Arrêtez-vous près de cet arbuste en fleurs où butinent ces prévoyantes et courageuses abeilles, dont les persévérants labeurs sont pour nous de si utiles, et parfois, hélas ! de si nécessaires leçons. N'y a-t-il pas là un grand et salutaire spectacle ?

Tout, autour de vous, travaille, s'agite et produit : les animaux, les végétaux, les minéraux eux-mêmes, ajouterai-je sans hésitation, travaillent, et cela sans trêve ni repos ! Et vous voudriez, vous, les fils des hommes, vous, la plus noble et la plus grandiose de toutes les créatures, échapper à cette loi inéluctable, qui est d'ailleurs une condition de votre bonheur ! En vérité, ce serait de la démence ! Vous chercheriez en vain à échapper à votre destinée ! On n'évite pas les lois éternelles, qui, par cela même qu'elles sont éternelles, sont immuables, et vous ne tarderiez pas à être châtiés de votre audacieuse et folle témérité !

Voulez-vous d'autres preuves ? Levez la tête, et contemplez cette poussière d'or qu'a jetée le grand Semeur dans les champs infinis de l'espace. Quelle est cette poussière ?

Quels sont ces points lumineux, qui n'éclairent point, mais qui enchantent nos nuits?

Ces petits points brillants, mes enfants, ce sont autant de soleils, autant de globes jetés par millions et par milliards dans le ciel, et qui circulent éternellement sans jamais s'écarter de la voie qui leur fut tracée.

Qu'est-ce donc, je vous le demande, que cette perpétuelle agitation des mondes? N'est-ce pas le plus étonnant, le plus prodigieux travail que l'homme puisse contempler?

Il y a, dans cet admirable et magnifique spectacle du travail universel, quelque chose de bien propre à abaisser notre incroyable orgueil et notre fatigante vanité! Et ce serait l'homme qui, abusant de son intelligence et de cet attribut divin qu'on appelle la liberté, se révolterait contre les lois qui régissent les globes célestes et constituent l'univers! Ne vaudrait-il pas mieux n'être jamais sorti du néant?

Si, mes amis, nous quittons ces régions infinies où l'âme a le vertige pour redescendre sur ce grain de poussière qui est le patrimoine de l'humanité, il nous suffit encore d'ouvrir les yeux pour voir que tout est travail, et que le sort, non pas seulement des individus, mais aussi des nations entières, dépend de leur amour du travail. Plus tard, quand vous aurez fortifié vos jeunes intelligences par l'étude sérieuse et réfléchie de l'histoire, il vous sera donné sans doute de considérer de haut la loi suprême qui a présidé au développement des sociétés. Vous péserez les causes qui ont amené les événements; vous examinerez les conséquences qui en ont été les résultats; et, lorsque vous comprendrez les rapports existant entre les grandes époques qui sont comme des étapes dans la marche progressive de l'humanité, lorsque vous saurez qu'il y a eu quelque part dans l'antiquité une République brillante qui s'est appelée Athénes, une puissance redoutable et absordante qui s'est nommée Rome; lorsque enfin vous chercherez comment ces cités presque étranges, toujours admirables, ont grandi et comment elles ont péri, vous arriverez à cette éloquente conclusion que toutes les sociétés ont été fortes ou faibles, brillantes ou dépourvues d'éclat, suivant qu'elles ont ou qu'elles n'ont pas travaillé. C'est dans cet ordre d'idées que Mirabeau, le grand orateur de notre grande Révolution, a pu dire : « Le travail, c'est la vie. » Il aurait pu ajouter qu'il est aussi la puissance.

Mais laissons là ces considérations sans doute au-dessus de votre âge : vous voyez bien, mes amis, qu'il faut travailler, puisque tout travaille autour de vous, puisque les destinées des nations sont d'autant plus glorieuses, le bonheur des individus d'autant plus grand qu'ils ont plus aimé le travail. Je ne voudrais point vous retenir plus longtemps; j'ai hâte de satisfaire vos impatiences à peines contenues: laissez-moi pourtant, si, par impossible, quelqu'un d'entre vous n'était pas encore convaincu, chercher à l'entrainer par un suprême argument. Aussi bien, Messieurs, ces dernières réflexions conviennent-elles à tous ceux qui me font l'honneur de m'écouter.

Vous savez, Messieurs, quelle place considérable notre pays avait conquise parmi les nations, à certaines heures de son histoire. Vous savez combien il a su, tout brillant de son génie, illuminer le monde de ses idées et de ses gloires; vous savez avec quelle facilité nous avons cru que nous étions le premier peuple de la terre, parce qu'il nous était arrivé de mettre l'Europe à la raison en certains jours de glorieuses batailles qui s'appellent Valmy, Fleurus, Austerlitz, Iéna, et de tant d'autres noms! Mais vous savez aussi que les jours d'épreuves, les jours d'expiation sont venus, cruels, implacables! Aux journées resplendissantes de lumière ont succédé les journées de ténèbres! Après Austerlitz, Waterloo! et faut-il vous rappeler, que nos ennemis ont vengé la honte d'Iéna à cette funèbre journée de Sedan! Les désastres sont arrivés, et avec eux le démembrement, et, sinon l'annihilation, du moins la diminution de notre influence ! Comment retrouver tout cela ? Messieurs, répondez-moi : y arriverons-nous jamais autrement que par le travail, par l'abnégation et par la vertu ? Nous aurons beau chercher : nous n'irons jamais au delà de cette vérité vulgaire. Oui, Messieurs, travaillons, travaillons encore, travaillons longtemps, travaillons toujours. Le champ de la science n'est-il pas assez vaste ? A lui seul, il nous donne l'idée de l'infini ! Que de régions inexplorées ! Que de parties laissées dans l'ombre et que nous devons avoir la volonté d'éclairer ! Etudions ! Etudions l'histoire, la philosophie, la littérature, les langues, les sciences, toutes les sciences ! Ne laissons rien en friche ! L'heure de la moisson viendra, féconde en résultats éminemment précieux !

C'est à vous surtout, jeunes gens, c'est à vous spécialement qu'incombera le devoir de travailler à la régénération de la Patrie.

« Nos ennemis, » disait quelque temps avant de mourir M. le marquis de Chasseloup-Laubat, dans une séance de la Société de Géographie dont il était le président, « nos ennemis
« veulent bien nous concéder que nous pour-
« rions reconquérir notre prospérité maté-
« rielle ; ils refusent de croire à la restaura-
« tion de notre prospérité morale et intellec-

« tuelle. » Eh bien ! mes enfants, donnez-leur un démenti !

Il faut à tout prix, entendez-vous bien, il faut que chez tous les hommes de science, chez tous les hommes de cœur, la réhabilitation de la France soit et reste le plus puissant, le plus actif, le plus enraciné, le plus énergique de tous les stimulants.

N'oublions jamais, Messieurs, que les Fourches Caudines ont décidé de la puissance de Rome ; il faut que les Fourches d'Alsace fassent ou plutôt refassent la grandeur et la puissance de la France !

Tout ce que je viens de vous dire, mes amis, se résume en ces mots : il faut aimer le travail. C'est cette pensée qu'en vous rendant à vos familles nous tenions à déposer dans vos esprits. Vous saurez l'y faire germer, j'en suis sûr ; je vous supplie, au nom de vos intérêts les plus chers, au nom de la Patrie malheureuse, de lui permettre d'y grandir !

9 Août 1874.